AF198596

Tenja Tales

Vom Homo Sapiens und anderen Problemen

Gedichtband

Vom *Homo Sapiens* und anderen Problemen

TENJA TALES

Bibliografische Information der Deutschen Nationalbibliothek:
Die Deutsche Nationalbibliothek verzeichnet diese Publikation in
der Deutschen Nationalbibliografie; detaillierte bibliografische
Daten sind im Internet über http://dnb.dnb.de abrufbar.

2. Auflage, 2022
© 2020 Tenja Tales
© Korrektorat: Nimrodus
© Covergestaltung: Laura Newman – design.lauranewman.de

Herstellung und Verlag:
BoD – Books on Demand, Norderstedt

ISBN: 9783751919869

Inhaltsverzeichnis

Verlorene Menschlichkeit

Ein Mann der eine Zeitung liest,
Dem wird mal wieder schlecht.
Was man da oben so beschließt,
Das ist ihm gar nicht recht!

Der Frieden wird so oft versprochen,
Der Krieg jedoch dann finanziert,
Es wird auch überall bestochen,
Die Korruption gar provoziert!

Die Steuern werden stets verprasst,
Für sinnloses Getue,
Beschlüsse werden blind gefasst -
Das lässt ihm keine Ruhe!

Man fälscht Statistiken zuhauf,
Veruntreut in die eigne Tasche,
Nimmt Bauernopfer gern in Kauf -
Wie sehr nur hasst er diese Masche!

"Die kennen gar nicht unser Leben,
Der kleine Bürger hat es schwer!
Wie DIE über den Dingen schweben,
Fehlt Bodenhaftung! Hirn noch mehr!

Familie und dann kaum Gehalt,
Das ist doch denen fremd!
Uns trifft das Leben mit Gewalt
So mancher kämpft ums letzte Hemd!

Gefühlskalt lenken sie mit List!
Haben die Mitleid? - Nein!
Die wissen gar nicht wie es ist
Tatsächlich Mensch zu sein!"

Ins Gleichgewicht

Stress auf Arbeit, Stress zu Hause.
Erholung, Urlaub gibt es nicht.
Wann kommt denn endlich eine Pause?
Ich will zurück ins Gleichgewicht!

Ich kann mich kaum noch konzentrieren,
Doch folge treu ich meiner Pflicht.
Wie konnte all das nur passieren?
Ich will zurück ins Gleichgewicht!

Der Kopf kurz vor der Explosion,
Ganz neblig ist schon meine Sicht.
Mein Atem riecht nach Frustration.
Ich will zurück ins Gleichgewicht!

Ich fühl mich gänzlich ausgebrannt
Und die Verzweiflung aus mir spricht.
Mein Anblick ist schon eklatant.
Ich will zurück ins Gleichgewicht!

Ich halte inne, stopp die Zeit,
Seh wie mein Hamsterrad zerbricht.
Fühl von den Lasten mich befreit.
Ich bin zurück im Gleichgewicht!

Probleme

Zuhauf Probleme gibt es hier,
Auf dieser ach so großen Welt.
Sie warten auf den Einen,
Der mutig sich entgegenstellt.

Doch einfach ist das leider nie.
Meist ist es Angst, die jenen plagt,
Wer weiß was sich da wohl versteckt,
Wenn man den Blick dahinter wagt?

So schiebt er gern, so lang es geht,
All die Probleme vor sich her.
Leicht und bequem ist dieser Weg,
Das Lösen fällt zumeist zu schwer.

Vergessen wird hier ein Aspekt,
Denn das Problem bleibt weiter da.
Und Ignorieren bessert nicht -
's wird größer als es jemals war!

Hat Einer das erstmal erkannt,
Ist's anzugehen nicht mehr schwer.
Denn löst er das Problem sofort,
Dankt's seine Seele umso mehr!

Fehler der Fehler

Fehler macht er jeden Tag,
Auch wenn er es nicht glauben mag.
Mal sind sie unbedeutend klein,
Mal könnten sie kaum schlimmer sein!

War's Dummheit oder Emotion?
Na ja, wen interessiert das schon?
Stößt mal ein Fehler übel auf,
Dann nimmt das Unglück seinen Lauf!

Denn ist ein Fehler wirklich schwer,
Dann hilft auch jede Scham nichts mehr.
Er will vertuschen den Fauxpas,
So tun als ob's ein andrer war!

Auf Einsicht wird man lange warten,
Er will sich doch nicht selbst verraten!
Und ist die Schuld auch offensichtlich,
Gibt's Ausreden – ganz zuversichtlich.

Bis er sich gänzlich drin verstrickt,
Am Lügenkonstrukt fast erstickt,
Und tritt der Fehler dann ins Licht
Erkennt er: So schlimm war er nicht!

Reden und Schweigen

Zu sagen, was dich tief bewegt,
Welch Last sich auf die Seele legt -
Zu schwer. Du frisst es in dich rein.
Soll das etwa die Lösung sein?!

So gehen Freundschaften zu Grund'
Und auch so mancher Ehebund.
Dabei ist es doch gar nicht schwer,
Das Reden – ja es hilft so sehr!

Doch zu viel reden kann man auch,
Klischeehaft ist's bei Frauen Brauch.
Die Andern halten's schweigend aus
Und wenn's zu viel wird, bricht es raus!

Wer redet, kann auf Hilfe hoffen!
Bist du zu deinen Lieben offen.
Wird ein Problem vielleicht nie wahr!
Sei offen – es ist wunderbar!

Stille

Flugzeuge und Autobahn
Treiben ihn noch in den Wahn!
In Zügen quietscht es überall,
Unerträglich all der Schall!
Umso lauter schreit sein Wille:
Stille!

Jeder redet, schreit, ist laut,
Wie sehr ihm das den Tag versaut!
Musik und Fernsehen immer zu,
Niemals hat er seine Ruh!
Und erneut schreit laut sein Wille:
Stille!

Ist er dann allein zu Haus,
Schaltet er das alles aus!
Minutenlang ist nichts zu hören,
Nichts kann seine Ruhe stören!
Endlich ist erfüllt sein Wille:
Stille!

Spieglein, Spieglein

„Schön sein" ist heut wahrlich schwer,
Als Frau ist es das umso mehr.
Denn jede wär gern schick und fein,
Doch will sie nicht gleich billig sein.

Nie ist es richtig, was sie tragen,
Selbst, wenn sie mal was Neues wagen.
Ganz dünn ist diese Schönheitsgrenze,
Auf ihr vollführ'n sie Drahtseiltänze!

Sie lernt schon früh das Hüften-Kreisen,
Das soll die Weiblichkeit beweisen.
Doch hat sie High Heels an den Füßen,
Soll sie das Tragen schon bald büßen!

Ja, manchen ist das schon zu viel,
Sieht billig aus und nicht grazil.
Beim ganzen Rest das Spiel in Grün,
So muss sie weiter sich bemüh'n.

Ist der Ausschnitt mal nicht offen,
Darf auf Gutes sie nicht hoffen.
Doch ist sie dann mal etwas freier,
Heißt's billig – ja die alte Leier!

Ist dann der Rock einmal zu lang,
Wird wieder vielen Männern bang.
Trägt sie den Rock hingegen knapp,
Nimmt man ihr schnell die Würde ab.

Und hat sie eine Hose an,
Zählt als Emanze sie sodann.
Gilt nicht als Frau, nur als Objekt,
Nach dem sich „Mann" die Finger leckt.

„Wie komm ich aus dem Teufelskreis?",
Fragt sie sich vor dem Spiegel leis,
„Denn einen wird es immer geben,
Der zu mir sagt, es ist daneben!"

Das Spieglein antwortet geschwind:
„So hör mir zu mein liebes Kind.
Die andren Meinungen sind nichtig,
Deine allein, nur die ist wichtig!"

Die Mutprobe

Bei Mutproben wird oft gesagt,
Man sei nur mutig, wenn man's wagt.
Lehnt man sie ab und sagt klar nein,
Heißt es, man soll nicht feige sein.

Doch mutig ist's, nicht mitzumachen,
Bei gefährlichen und dummen Sachen.
Nein zu sagen fällt oft schwer,
Doch sicher ist: Es lohnt sich sehr!

Depressionsroutine

Schon als so mancher Greis noch klein,
Da sprachen viele Philosophen:
Sein Leben würde kurz nur sein,
Es kämen schlimme Katastrophen.

So war der Mensch zunächst schockiert,
Jedoch ist nicht viel eingetroffen.
Alsbald wurd neu er deprimiert,
Denn neues Unglück ließ nicht hoffen.

So wuchs der Mensch im Glauben auf,
Die Welt sei kurz vor ihrem Ende.
Und dachte er: „Nun geh ich drauf!",
Kam doch ganz unverhofft die Wende.

So hat der Mensch sich angewöhnt,
Er zeigt jetzt nur noch gute Miene
Zu neuem Unglück, nicht mal stöhnt
Er in der Depressionsroutine.

Soll es denn das gewesen sein?

Die Frage quält ihn jeden Tag,
Auch wenn er nicht dran denken mag.
Doch was passiert mit unsrer Zeit,
Wenn unser Ende steht bereit?

Wie ist es, wenn wir wirklich alt?
Naht uns dann auch das Ende bald?
Wir scheiden einfach so dahin,
Wo war dann unser Lebenssinn?

Wir werden schnell Vergangenheit,
Von der sich jeder gern befreit.
So sind vergessen wir alsbald,
Wo wir einst war'n ist alles kalt.

Das Lebenswerk kaputt gemacht,
Denn scheinbar hat es nichts gebracht.
Gibt's nichts was von uns weiterlebt?
Nichts was uns aus der Trauer hebt?

Im Leben will man Großes tun,
Und später mal in Frieden ruh'n.
So schafft der Mensch im Leben hart,
Bis ihm dann einst das Ende naht.

Dann ist dahin die Zeit des Lebens,
Doch weiß er, es war nicht vergebens!
So wird er wach und schreit laut: „Nein!
Soll es denn das gewesen sein?"

Der bittere Vergleich

Der Mensch will oftmals sich vergleichen,
Wer ist denn besser, wer hat mehr?
Besonders mit den Groß- und Reichen
Reizt der Vergleich ihn umso mehr.

Des Ersten Arbeit bringt viel Geld,
Doch seine wirft oft nicht viel ab.
Dem Zweiten sehr sein Job gefällt,
Er selbst besteht den Tag nur knapp.

Die meisten Freunde sind vergeben,
Doch er sucht noch den ersten Kuss,
Auch viele schon in Ehen leben,
Für ihn jedoch scheint hier schon Schluss.

Die meisten sind im Eigenheim,
Nur er wohnt noch im Elternhaus,
Er geht dem Unglück auf den Leim,
Das Leben schließt ihn scheinbar aus.

So dreht er sich im Teufelskreis,
Vergleicht sich – und verliert,
Doch gibt es was, das er nicht weiß:
Den anderen das auch passiert!

Der mit dem Haus fühlt sich allein,
Der mit der Frau sucht einen Job,
Der mit viel Geld lebt nur im Schein,
Auch manches andre ist ein Flopp.

So sieht er oftmals nicht sein Glück,
Um das er wird beneidet,
Doch holt er sich's vielleicht zurück,
Wenn er Vergleiche künftig meidet.

Ansichtssache

Ein junger Mann hat Möglichkeiten,
Die früher gar nicht existent.
Er kann echt jeden Weg beschreiten,
Bleibt er dabei nur konsequent.

Doch Auswahl in solch Überfluss,
Das ist für ihn scheinbar zu viel,
Schon bald verliert er voll Verdruss,
Ganz aus den Augen jedes Ziel.

Er will so vieles gern erreichen,
Doch leider muss er sich entscheiden.
Und während Chancen schnell verstreichen,
Beginnt er andre zu beneiden.

Die Wahl erscheint ihm nun als Qual,
So scheitert er von Anbeginn,
Wär seine Auswahl minimal,
Wüsst schnell er seinen Lebenssinn.

Doch der, dem solche Chance verwehrt,
Würd nie auf Möglichkeiten pfeifen,
Für ihn läuft diese Welt verkehrt,
Er würde jede Chance ergreifen!

Gier nach mehr

So viele sind von Gier geplagt,
Auf Überfluss machen sie Jagd!
Das Beste will jeder erstreben,
Drum soll man ihnen alles geben!

Sie streben stets nach andren Dingen
Und sind mit ihrem Frust am Ringen.
Auch schmiedet mancher böse List,
Damit bald alles seines ist!

Doch hat er dann, was er begehrte,
Was viel zu lang man ihm verwehrte,
Dann ist die Freude schnell vergessen:
Vom Nächsten ist er schon besessen!

So geht das Unglück stets voran:
Er will, was er nicht haben kann!
Selbst wenn er schafft, viel zu erreichen,
Die Gier wird niemals von ihm weichen!

Vergiftet weiterhin sein Sein,
Bis er im Alter ganz allein.
Im Unglück siecht er so dahin,
Was war das für ein Lebenssinn?

Der Traumtöter

Der Mensch muss stets ein Träumer sein,
So kommt im Leben er voran,
Lässt Hoffnung in sein Herz hinein,
Dass alles er erreichen kann.

So träumt er nachts und auch am Tag,
Von manchem ach so fernen Ziel,
Das er so gern erreichen mag,
Doch wirkt das oftmals recht skurril.

„Du sollst nicht träumen sondern leben",
Das wird ihm viel zu oft empfohlen,
Unschaffbar sei all sein Bestreben,
Nur die Enttäuschung würd ihn holen.

Der Mensch kann lang dagegen halten,
Doch irgendwann wird etwas wach,
Beginnt des Menschen Geist zu spalten
Und macht den Träumer plötzlich schwach.

Aus dieser Schwäche wachsen Ranken,
Die knorrig, schwarz und bitterkalt,
Durch sie kommt Hoffnung erst ins Wanken,
Dann töten sie den Traum alsbald.

Der Mensch muss sich dem Übel stellen,
Dem Traumtöter, den jeder kennt,
Sonst wird am Leben er zerschellen,
Durch das, was man auch Zweifel nennt.

Von Gut und Böse

So viele Menschen sind so schlecht,
Die Welt erscheint arg ungerecht!
Man denkt nur an sein eignes Wohl,
Das Herz wird kalt und alsbald hohl.

Das eigne Schicksal ist nur wichtig,
Das Glück von anderen ist nichtig.
Auf Macht und Geld kommt es nur an,
Damit man alles haben kann.

Man wird missachtet und belogen,
Um jedes bisschen Glück betrogen.
Dem Guten wird die Schuld gegeben,
In dieser Welt will man nicht leben!

So kann all das nicht weitergehen,
Der Gute kann es nicht verstehen.
Er lehnt sich auf, doch fühlt sich schlecht,
Dabei hat er doch völlig Recht!

Doch knickt er ein und fällt hernieder,
Steht auf, versucht es immer wieder.
Mit guten Taten kämpft er schwer,
Doch bringen diese bald nichts mehr.

Schon fast versiegt sein letztes Hoffen,
Als von Erkenntnis er getroffen.
So steht er auf mit letzter Kraft,
Durch Böses er auch Gutes schafft!

Ehrlich?

„Sei immer ehrlich, liebes Kind!",
So hat es Mama einst gelehrt.
Doch das verlernst du sehr geschwind,
Wer ehrlich ist, scheint hier verkehrt!

Die Welt: Regiert von Geld und Macht,
Nur auf Erfolge kommt es an.
Wer ehrlich ist, wird ausgelacht,
Kommt an die Großen niemals ran!

Red schlechte Dinge stetig gut,
Spiel jedem Sympathien vor,
Hab auch zum Lügen immer Mut -
Schon stehst du höher als zuvor!

Kommst du schnell hoch durch deine Lügen,
Kommt auch geschwind der tiefe Fall.
Der Mensch lässt sich nicht lang betrügen,
Die Ehrlichkeit siegt überall!

So ist der Weg sehr lang und schwer,
Doch führt er dich auf Dauer weit,
Auch Freunde findest du viel mehr,
Findest du sie mit Ehrlichkeit!

Blickwinkel

Man schau sich diesen Menschen an,
Von Weitem wirkt er ernst und leer.
Geht man nun näher an ihn ran,
Sieht man sein Lächeln umso mehr.

Wenn man auf seine Worte hört,
Dann ist er freudig, voller Glück,
Doch wenn man seine Seele spürt,
Kommt Trauer von ihm nur zurück.

Egal von welcher Seit' man schaut,
Man sieht ein völlig andres Wesen,
Aus all dem man ein Puzzle baut
Und erst am Schluss kann man es lesen.

Zwei kleine Worte

In einer Bar bedient ein Mann,
Der viele Sprachen sprechen kann.
Denn aus den Ländern nah und fern,
Da kommen seine Gäste gern.

Beim Cocktails-Mixen zuzusehen,
Lässt manche Schlange gar entstehen.
Denn kunstvoll und mit Lieb' garniert,
Wird jeder Cocktail hier serviert.

Doch seine Mimik ist aus Eis,
So gibt er von sich gar nichts preis.
Kontrolle, die bewundernswert,
Selbst wenn sich mal ein Gast beschwert.

Nach außen bleibt er stetig smart,
Er spielt das Spiel auf seine Art.
Denn wenn zwei Worte er vermisst,
Beginnt er spaßig seine List.

Dann wird's mal mit den Sprachen schwer
Und man versteht sich jetzt nicht mehr.
Er neckt den Gast mit seiner Tour,
Steckt kaum noch Lieb' in Garnitur.

Ist jener Gast vielleicht ein Mann,
Kommt vor ihm noch 'ne Dame dran.
Denn für 'nen Gentleman wär klar:
Ja sowas ist mal annehmbar.

Doch wer mit „Bitte" was bestellt,
Erhält den besten Drink der Welt.
Und wer auch noch ein „Danke" schafft,
Bleibt im Gedächtnis – dauerhaft!

Der Seele Brot

So unverständlich ist die Welt,
Ein jeder denkt an sich allein!
Den meisten geht's um Macht und Geld,
Gefühle scheinen fremd zu sein!

Von Lieb' allein kann man nicht leben,
Das leuchtet sicher jedem ein.
Wie soll sie bloß zu Essen geben?
Denn Liebe wird stets pleite sein.

So jagt man nach dem großen Geld,
Wird nach und nach zum Egoist,
Schaut nur was einem selbst gefällt
Und wo der größte Vorteil ist.

Doch schaut man diese Seele an:
Sie ist erkrankt durch so ein Leben.
Bei ihr kommt keine Nahrung an,
Jedoch was soll man ihr nur geben?

Sie will Gefühle immer mehr,
Deckt reichlich sie mit Liebe ein,
So ist die Seele niemals schwer
Und man kann immer glücklich sein!

Die Maske

Man sieht so oft nur ein Gesicht,
Doch das dahinter sieht man nicht.
Man sieht der Maske schönen Glanz,
Sie hält die Menschen auf Distanz.

Dahinter stecken manchmal Schmerz,
Ein viel zu oft gebrochnes Herz.
Nur wer dahinter sieht, kann heilen,
Die Maske irgendwann zerteilen.

Lebensangst

Ängstlich umschaun, Panik schüren,
Machtlos sein, Verzweiflung spüren,
Gutem niemals Glauben schenken,
Lebensangst – sie wird dich lenken.

Unglück sehen, sich verbeißen,
Jedes bisschen Freud zerreißen,
Schlimmes fürchten, hilflos sein,
Lebensangst – sie schränkt dich ein.

Schlechtes abseh'n, düster denken,
Bange sein, Hoffnung beschränken,
Zweifel streun, Schwarzmalerei,
Lebensangst – jetzt mach dich frei!

Schwarz

Die Welt verdunkelt sich
Ganz ohne dich zu warnen.
Ein grauer Nebelschleier
Fängt an sie nun zu tarnen.

Er taucht alles in schwarz,
Das Licht der Welt erlischt.
Reißt deine Hoffnung fort,
Verschont auch Freude nicht.

Ganz dunkel um dich her,
Du einsam und verlassen,
Doch darfst nicht aufgeben
Und musst ein Herz dir fassen.

So zünd ein Lichtlein an,
Durchbrich den schwarzen Schein,
Du schaffst ein Lichtermeer
Und Schwarz wird nicht mehr sein.

Warum?

Warum ist alles wie es ist
Und kann nicht anders sein?
Warum es unsre Nerven frisst
Und gibt sich so gemein?

Warum ist alles nicht mal so
Wie wir es gerne hätten?
Warum sind wir nicht immer froh?
Können nicht alles retten?

Warum wird nicht mal alles gut
Und kann dann auch so bleiben?
Warum haben wir dennoch Mut
Die Hoffnung anzutreiben?

Bindungsangst

Man glaubt, man hat den Mensch gefunden,
Mit dem man gern teilt alle Stunden.
So öffnet man ihm Seel' und Herz,
Doch endet all das bald in Schmerz.

Nie mehr vertrauen, nicht ein Stück!
So zieht der Mensch sich dann zurück.
Er nimmt nun Abstand von der Welt,
In der es ihm nicht mehr gefällt!

Er hat vertraut und hat geliebt,
Nun glaubt er, dass es das nicht gibt.
Man kann nicht nah sein und vertrauen,
Drum will er eine Mauer bauen.

Sie soll ihn schützen immer zu,
Denn vor Gefühlen will er Ruh!
Nach kurzer Freude ewig Leid,
Sein armes Herz vor Schmerzen schreit.

Der Schmerz, er macht ihn taub und blind,
Er glaubt, dass alle herzlos sind!
So will er sich nie wieder binden,
Will diesen Schmerz nie mehr empfinden!

Nur kurze Zeit kann das so gehen,
Das Herz der Angst nicht widerstehen.
Doch bricht die Einsamkeit herein,
Beginnt das Herz sich zu befrei'n.

Schlägt aus dem Kopf ihm die Gedanken
Und bringt die Einstellung zum Wanken.
Das Herz will nicht alleine sein
Und auch die Seele stimmt da ein.

Nach wahrer Liebe sucht er wieder,
Doch zieht die Angst ihn oftmals nieder.
Vertrauen fassen fällt ihm schwer,
Und öffnen wollt er sich nie mehr!

Jedoch passiert, was er nicht glaubt,
Ein Mensch ihm jeden Atem raubt.
Doch soll die Mauer weiter stehen,
Er will nicht wieder untergehen!

Es kommt nun, wie es kommen muss,
Mit der Barriere ist bald Schluss.
Die Seele reißt die Mauer ein,
Nur so kann er je glücklich sein!

Wenn er den richt'gen Mensch gefunden,
Verbringen sie die schönsten Stunden,
Denn ihm zeigt er in Freud und Leid,
Auch mal seine Verletzlichkeit!

Teufelskreis der Liebe

Eine Frau hat einen tollen Mann,
Um diesen ist sie zu beneiden,
Doch denken die zwei dann und wann
Darüber nach sich bald zu scheiden.

Denn beide haben Eigenheiten,
Die zu ertragen manchmal schwer.
Und wenn sie sich deswegen streiten,
Dann fetzen sie sich oftmals sehr.

Sie hat Bedarf nach Harmonie,
Verhätschelt ihn den ganzen Tag,
Doch wird daraus bald Hysterie,
Weil er genau das gar nicht mag.

Und ist der Streit erstmals entfacht,
Wird plötzlich kalt sein ganzes Wesen,
Ganz wütend und auch aufgebracht,
Als wär da Liebe nie gewesen.

Sie ist verletzt und irritiert,
Sie kann das alles nicht verstehen.
Was ist mit ihrem Mann passiert?
Kann er die Liebe nicht mehr sehen?

Drum will sie noch mehr Liebe zeigen,
Trägt ihn auf Händen Tag um Tag.
Doch wächst ein bitterkaltes Schweigen,
Das keiner lang ertragen mag.

Ein Teufelskreis hält sie gefangen,
Es ist nicht leicht ihm zu entfliehen.
Doch ist ihr Glück neu zu erlangen,
Wenn sie an einem Strang nun ziehen!

Dieser Blick

Heut ist es wieder mal so weit,
Die beiden liegen grad im Streit.
Er hat wohl irgendwas gemacht
Und jetzt ist sie recht aufgebracht.

Sie schaut ihn an mit diesem Blick,
Da schaut er lieber nicht zurück.
Doch da ihr Blick nicht tödlich ist,
Man den Konflikt alsbald vergisst.

Schwarmintelligenz

Ein Mensch, alleine klug und schlau,
Weiß was er will schon ganz genau.
Doch in großen Massen wird stattdessen
Er all sein Wissen schnell vergessen.
Schwarmintelligenz ist fein,
Doch muss man wohl ein Fischlein sein.

Evolutionsbremse

Er öffnet langsam seinen Mund,
Ihm zuzuhören ist echt schwer,
Nur Langweiliges tut er kund,
Nach zwei Minuten geht's nicht mehr!

Apathisch starren sie dahin,
Doch ihm scheint dieses zu entgehen,
Das Zuhören macht keinen Sinn,
Er will es vielleicht gar nicht sehen.

Im Schneckentempo geht's voran,
Er nervt mit diesem stumpfen Dreck,
Wobei der Kerl echt gar nichts kann,
Die Teilnehmer, sie wollen weg!

Blöd grinsen kann er richtig gut,
Erklären kann er jedoch schlecht,
So langsam staut sich hier die Wut,
Denn all das ist echt nicht gerecht!

Die Hälfte schlummert vor sich hin
Und träumt von schönen, bessren Tagen,
Der Rest fragt sich noch nach dem Sinn,
Doch traut sich keiner nachzufragen!

Er saugt sie aus wie ein Vampir,
Bis sie ganz ausgelaugt verstummen,
Und sitzen sie noch länger hier,
Dann werden sicher sie verdummen!

Schlangen

Zwei Frauen schauen sich kurz um
Und tun was Frauen eben machen:
Sie lästern über eine rum,
Beginnen bösartig zu lachen.

Als jene Dritte dann erscheint,
Beenden sie ganz schnell ihr Treiben.
Die Clique ist erneut vereint
Und Freunde sollen sie ja bleiben.

Es muss nun eine andre gehen,
Verabschiedet sich liebevoll,
Die andern beiden bleiben stehen
Und tuscheln bald vertrauensvoll.

Man tauscht sich über jene aus,
Die gerade erst davon gegangen,
Sie lästern wieder frei heraus,
So sind sie nun mal, diese Schlangen!

Spechte

Bei manchen Menschen denkt man schnell:
„Bei denen wird's im Kopf nie hell!"
Sie reden oft perpetuell,
Doch ohne jeden Wissensquell.

Ihr Reden ist von Anbeginn
Für jeden Hörer ohne Sinn!
Ist wirklich gar kein Hirn dort drin?
Geht so die Menschheit bald dahin?

Doch irgendwann man dann erkennt,
Bei diesen scheint ganz kongruent,
Das Zungenbein vom Hirn getrennt,
Weswegen man sie Spechte nennt!

Das Faultier

Ja mein Beruf, der ist echt fein,
Denkt sich das Faultier ganz gemein.
Nie komme ich dabei ins Schwitzen,
Kann ruhig stets vor dem Bildschirm sitzen.

Ich geh gern früh und komme spät,
Ich nenn das „Arbeitszeit-Diät".
Des einen Freud, des andern Leid,
Das ist Vertrauensarbeitszeit.

Mein Frühstück dann in Ruh zu essen,
Das halte ich für angemessen.
Auch so hab ich die Ruhe weg,
Bewege mich drum kaum vom Fleck.

Denn hinter mir steht eine Wand,
Mein Surfen bleibt so unerkannt.
Doch red ich auch mit andern viel,
Die Zeit vertreiben ist das Ziel.

In meinem Schauspiel bin ich klasse,
Heb ab mich von der Arbeitsmasse.
Ich tu als platze ich vor Fleiß,
Die meisten glauben mir den Scheiß!

Ich sollte daher nicht vergessen,
Auch mein Lohn ist gut bemessen!
Ich will euch daher nicht belügen:
Mein Arbeitstag ist ein Vergnügen!

Moderne Sklaverei

Ach heute hat er keine Zeit,
Macht sich für 'nen Termin bereit,
Hofft, dass man die Verspätung verzeiht
Und bald ihn von diesem Stress befreit!

Er rennt so durch die nächsten Tage
Und stellt sich stets die eine Frage:
Wie lange er das noch ertrage
Und ob er je den Schlussstrich wage?

Die Aufgaben werden jeden Tag mehr,
Immer schneller sollen Ergebnisse her
Und bemüht er sich auch noch so sehr,
Ist durchzuhalten wirklich schwer!

So übt er pausenlos Verzicht,
Kennt kaum mehr seiner Kinder Gesicht,
Seine Ehe daran auseinanderbricht,
Sich dagegen wehren kann er nicht!

Im Neinsagen ist er echt nicht groß,
Für ihn wär das ein großer Verstoß,
Dann ist er seinen Job schnell los,
Wie entflieht er diesem Laufrad bloß?

Er öffnet die Augen und ihm wird klar,
Dass alles wohl ein Albtraum war!
Er schaut auf die Uhr und gerät in Hast,
Termin beim Amt – schon fast verpasst!

Persönlichkeit

Ein Mann bewirbt sich für 'nen Job,
Für diesen ist er fachlich top.
Er kennt sich aus und weiß sehr viel,
Den Job zu kriegen wird ein Spiel.

Ein andrer Mann, fast gleiche Stelle,
Auch er scheint im Gespräch recht helle.
Doch fachlich muss er schnell gestehen:
Viel hat er bisher nicht gesehen.

Die beiden haben angenommen
Und dürfen nun zur Probe kommen.
Man stellt sich vor und redet viel,
Die Neuling-Prüfung ist das Ziel.

Doch nach 'ner Woche steht schon fest,
Dass einer wieder sie verlässt.
Es wird wohl der gewesen sein,
Bei dem der Wissensschatz noch klein.

Der Erste jedoch, der muss gehen,
Persönlich konnt er nicht bestehen.
Denn ist man fachlich noch so top,
Hilft's nichts, wenn man als Mensch ein Flopp!

Die selbe Leier

Sie sitzt auf der Arbeit und denkt drüber nach,
Welch Aufgaben liegen zuhause noch brach?
Motiviert vergeh'n die Stunden.
Doch ist es endlich dann soweit
Und von der Arbeit sie befreit,
Ist all ihr Antrieb schnell verschwunden.

So dümpelt sie zuhause dahin,
Bekommt heute echt gar nichts hin
Und so bricht bald die Nacht herein.
Am nächsten Tag versucht sie's wieder,
Schreibt fleißig ihre Liste nieder,
Denn heute wird es besser sein!

Gruppenkuscheln

Der Feierabend ist erreicht,
Schnell ist er in die Bahn gesprungen,
Auf einem Vierer sitzt er leicht,
Den er für sich allein errungen.

Am Fenster sitzend schaut er zu,
Wie all die Landschaft zieht vorbei,
So findet er schnell seine Ruh,
Vom Arbeitsstress ist er nun frei.

Doch ist die Freude schnell verflogen,
Denn dieser Zug füllt sich rasant,
Ein andrer Mann, der ungezogen,
Hat neben ihm den Platz erkannt.

Der setzt sich hin und macht sich breit,
Viel weiter als es nötig wär,
Es ist die reine Dreistigkeit,
So macht er es dem andern schwer.

Nun kommt Sardinen-Feeling auf,
So wird er an die Wand gedrückt,
Der Typ spreizt auch die Beine auf,
Was denkt der sich? Ist der verrückt?

Er schaut kurz zu dem Kuschler hin,
Sagt klar, wie sehr ihn das doch stört,
Doch Ohrstöpsel hat jener drin,
Weswegen er ihn wohl nicht hört.

So streckt der erste sich subtil,
Will seinen Platz zurückgewinnen,
Doch ist der andre infantil,
Lässt ihn der Enge nicht entrinnen.

Es wird gedrückt, geschubst, geschoben,
Gar über viele Haltestellen,
Doch das Problem wird nicht behoben,
Die Emotionen schlagen Wellen.

Als dann sein Halt endlich in Sicht,
Erhebt er sich mehr als gestresst,
Nochmal am Fenster sitzt er nicht,
Das steht für ihn zukünftig fest!

Fehleinschätzung

Ein Mann betritt ein Autohaus
Und sieht so manchen Augenschmaus.
Zwar weiß er schon, was er hier will,
Doch gibt er sich zunächst noch still.

Er schaut sich um, doch nichts passiert,
Dabei ist er doch interessiert!
Will niemand ihm hier was verkaufen?
So langsam ist's zum Haare raufen.

Da läuft ein weit'rer Herr herein,
In seinem Anzug wirkt er fein.
Und schon kommt ein Verkäufer an,
Berät gleich fleißig diesen Mann.

Doch er wird weiter ignoriert,
Das ist ihm echt noch nie passiert.
Erst langsam scheint er zu verstehen,
Wieso ihn alle übersehen.

Denn seine Kleidung zu leger,
Ein Autokauf wirkt da konträr.
Das zeigt der nächste Kunde prompt,
Zu dem schnell ein Verkäufer kommt.

So geht er nun wie er gekommen,
Kein Mensch hier hat ihn wahrgenommen.
Er ist empört und kann nicht fassen,
Man hat ihn eiskalt stehen lassen.

Im Autohaus nur ein Stück weiter,
Ist hoffentlich jemand gescheiter.
Kaum ist er durch die Tür gegangen,
Wird auch schon freundlichst er empfangen.

Am Schluss hat er vier neue Wagen,
Wieso so viele wird man fragen.
Nun dieser Mann ist der Besitzer
Der großen Fahrschul-Kette „Blitzer"!

Gegen den Strom fahren

Im Auto reist er meist gediegen,
Doch hat er große Furcht vorm Fliegen.
Das Risiko kaum abzuwiegen,
Scheint seine Angst ihn zu besiegen.

So ist ihm leider nicht gewahr:
Die Straße birgt viel mehr Gefahr!
Für ihn ist hier jedoch ganz klar:
Das Risiko ist steuerbar!

Am Steuer kann er reagieren,
Wenn andere ihn hart touchieren,
Doch darf die Wut ihn nicht tangieren,
Die Nerven wird er sonst verlieren.

Doch auf den Straßen – abnormal,
Sind viele Menschen radikal,
Die andren sind total egal,
Es scheint beinah suizidal!

Schlechtes Verhalten wird adaptiert,
Im Auto sich gerne abreagiert,
Ein Unfall ist so schnell passiert,
Der Schuldige gibt sich brüskiert.

So gibt er Mühe sich beim Lenken,
Wird auch das Tempo manchmal senken,
Ihm gleich, was all die andern denken,
Er hat kein Leben zu verschenken!

Perspektive

Beim Fahrradfahren denkt ein Mann,
Wie schön es ohne Autos wär.
Beim Autofahren denkt er dann,
Genau dasselbe, nur konträr.

Zu Fuß sieht's nochmal anders aus,
Da mag er keinen von den beiden,
Jedoch macht er das Beste draus,
Versucht sie beide gar zu meiden.

Eine Mieter-Theorie

Die Mieter halten's nicht mehr aus
Und wollen aus dem Mietshaus raus,
Denn hier zu wohnen ist ein Graus,
Gar bald zerfällt das ganze Haus.

Als Groß-Vermieter hier fungiert
Eine Gesellschaft, die blockiert,
Die Anfragen stets ignoriert
Und ihre Mieter deprimiert.

Die Schäden stapeln sich in Massen,
Die Mieter können es nicht fassen,
Der Vermieter wird's liegen lassen
Und auch die Miete wird nicht passen.

So schimmelt schnell das Haus dahin,
Zum Glück wohnt bald keiner mehr drin.
Doch wo bitte ist da der Sinn?
Mit Leerstand gibt's doch null Gewinn.

Doch als das Haus zusammenfällt,
Erhält der Vermieter viel Geld,
Weil die Versicherung geprellt
Und teurer Abriss nun entfällt!

Die Gefahren des Einkaufs

Im Supermarkt steht eine Frau,
Was sie hier will weiß sie genau.
Die Einkaufsliste in der Hand,
Auf die sie blickt ganz unverwandt.

Denn viel zu oft hat sie erfahren,
Im Supermarkt lauern Gefahren!
Die Angebote flehen laut,
Kaum hat sie diese angeschaut.

Sie rufen, bitten um den Kauf,
Fast greifen sie nach ihr – zuhauf!
So läuft sie schnell durch jeden Gang,
Die Liste nur ist von Belang.

Ihr Bauch jedoch beginnt zu murren
Und kurz darauf folgt Magenknurren.
Sie weiß genau, er simuliert
Und nur zum Kauf sie motiviert!

Gekonnt will sie ihn ignorieren,
Doch dieses Spiel wird sie verlieren.
Vom lauten Knurren abgelenkt,
Hat sie den Blick herumgeschwenkt.

Da hat sie auch schon was entdeckt,
Das blitzschnell ihr Interesse weckt.
Ein Augenblick, schon ist's geschehen,
Sie wird dieses Produkt erstehen.

Der Teufelskreis hat nun begonnen,
Der Schweinehund, er hat gewonnen.
Sie läuft nun langsam, Schritt für Schritt,
Und nimmt mal hier mal da was mit.

Ein Glücksgefühl hat sie umhüllt,
Ihr Einkaufswagen prall gefüllt.
Am Auto erst kommt das Erwachen,
Für was bloß braucht sie all die Sachen?

Nun leicht genickt fährt sie nach Haus,
Räumt ihren riesen Einkauf aus
Und schwört fürs nächste Mal aufs Neue,
Dem Einkaufszettel nur die Treue!

Unter Zombies

Das Einkaufen ist ihm ein Graus,
Missmutig verlässt er das Haus.
Am Laden träge angekommen,
Wirkt er gelähmt und ganz benommen.

Den Einkaufswagen bald zur Hand,
Steht an der Schlange er fürs Pfand.
Zwei Automaten schlucken schwer,
Der eine will alsbald nicht mehr.

Doch keiner sagt's dem Personal,
Die andere Schlange ist die Wahl.
Als er den Pfandbon dann erhalten,
Legt er erneut die Stirn in Falten.

Er weiß, er muss nun schnell mutieren,
Muss Anstand, Rücksicht ganz verlieren,
Die anderen existier'n nicht mehr,
Mit Tunnelblick läuft er umher.

Nur so kann er hier überleben,
Als einer von ihnen sich auszugeben.
Als hätte man am Hirn gespart,
Vollführt er seine Einkaufsfahrt.

Er sieht nur was er kaufen will,
Ist egoistisch und ganz still.
Auch an der Kasse fokussiert,
Merkt nicht, was um ihn rum passiert.

Er greift nicht gern zu dieser List,
Doch wenn man unter Zombies ist,
So hat das Fernsehen ihn gelehrt:
Aufzufallen wär verkehrt!

Wartezimmer-Blues

Termin beim Arzt – schon seit 'nem Jahr,
Weil vorher nichts zu kriegen war.
Schon auf der Arbeit schiebt sie Frust,
Auf den Termin gar keine Lust.

Sie schleppt sich in die Praxis rein,
Ein Alptraum – ja das muss es sein!
Denn am Empfang sich niemand regt,
Das Wartezimmer voll belegt.

Die Anmeldung ist bald geschafft,
So ein Termin, der kostet Kraft!
Nun steht sie rum und ist verwirrt,
Als einer aufgerufen wird.

Erst nach ihr erschien dieser Mann,
Der jetzt vor allen andern dran.
Auch ihr Termin wär längst gewesen,
Sie setzt sich hin, versucht zu lesen.

Doch kaum am Sitzen, hustet heftig,
Die neben ihr und schnäuzt sich kräftig.
Sie hustet frei so in den Raum,
Bei so viel Keimen kümmert's kaum.

Als könnte das schon alles sein,
Schläft neben ihr der Herr gar ein.
Sein Kopf senkt langsam immer wieder,
Auf ihre Schulter sich hernieder.

Und so vergehen noch zwei Stunden,
Bis von dem Schicksal sie entbunden.
Ihr Aufruf kommt, schnell geht der Check,
Nach fünf Minuten ist sie weg.

Chronischer Zeitmangel

Hektik, Stress, schnell sich beeilen,
Laufen, rennen, nicht verweilen,
Hetzen, jetzt sofort, los los,
Zeit, schon rum, wo war sie bloß?

Denken, grübeln, fusionieren,
Lösen, klären, funktionieren,
Verbessern, steigern den Gewinn,
Zeit, schon rum, wo ist sie hin?

Kümmern, planen und erweitern,
Weiter kommen, niemals scheitern,
Großen folgen, kommen, gehen,
Zeit, schon rum, was ist geschehen?

Ab Morgen

Ein Paar kann sich heut nicht entscheiden,
Sie wollen etwas Schnelles kochen,
Jedoch was Ungesundes meiden,
Sie hatten sich Diät versprochen.

Gesundes Essen zubereiten,
Das braucht oft leider seine Zeit.
Sie können heute nicht bestreiten,
Zu Aufwand sind sie nicht bereit.

So soll ein Drink den Hunger stillen,
Mit Eiweiß und so tollen Stoffen,
Doch zeigen sie den Widerwillen
Zu später Stunde ziemlich offen.

Man will ja schon – nur heute nicht,
Und daher wird bald klargestellt:
Ab Morgen dann übt man Verzicht,
Beim Lieferservice heut bestellt.

Teure Gesundheit

Ihr Geldbeutel ist klein bemessen,
Doch will sie was Gesundes essen.
Unbehandelt und ganz frisch,
Hätte sie gern was auf dem Tisch.

Doch mit dem Geld erhält sie nur
Konservierungsstoffe pur.
So pflanzt die Gute sich fortan
Obst und Gemüse selber an!

Mittagstisch

Am Mittagstisch ist gar nichts recht,
Ein jedes Essen ist doch schlecht.
Die Frikadellen sind gepresst,
Die Pellkartoffeln viel zu fest.

Zu sehnig ist das ganze Fleisch,
Die Paprika sind viel zu weich.
Zu fade ist gar jedes Essen,
Auch den Salat kann man vergessen.

Die Soße ist wie eine Brühe,
Der Koch gibt sich wohl keine Mühe.
Es schneiden hier nicht mal die Messer,
Andre Kantinen sind sicher viel besser.

So wird gelästert, Tag für Tag,
Wie wenig man das Essen mag.
Besonders laut nörgelt der Mann,
Der überhaupt nicht kochen kann.

Vegetarisiert

Ein Mann beim Einkauf weiß genau,
Die Fleischtheke ist heut ein Muss,
Denn diesmal ist er ohne Frau,
Sie teilt kaum seinen Fleischgenuss.

Das Steak wird wohl ein Gaumenschmaus
Und von der Wurst da muss was mit,
Die Fleischbällchen seh'n auch gut aus,
Das Abendessen wird der Hit!

Zuhause mit den Fleischportionen,
Stellt er sich bereits darauf ein,
Für ihn wird all das sich zwar lohnen,
Doch Frauchen wird nicht glücklich sein.

Doch als dann ohne jedes Klagen,
Die Frau das Abendessen bringt,
Beginnt er langsam sich zu fragen,
Woher die gute Laun' entspringt.

Beim Essen tut sie's plötzlich kund:
„Wie lieb, du hast an mich gedacht!"
Er schiebt das Essen in den Mund.
„Hast fleischlose Bällchen mitgebracht!"

Er will was sagen, zum Protest,
Doch dann verliert die Welt den Sinn,
Denn auch beim Kauen stellt er fest:
„Igitt - da ist Gemüse drin!"

Voraussichtiger Überblick

Wollt man früher was erwerben,
So prüfte man zunächst sein Geld.
Würd Mangel daran es verderben,
So wurde eben nichts bestellt.

Wer heute knapp bei Kasse ist,
Den kümmert das leider nicht mehr.
Geschäfte kommen mit der List
Von Finanzierungen daher.

Dem Kunden wird zunächst berichtet,
Welch Nachteile ihm bald entstehen,
Wenn er aufs Angebot verzichtet,
Das darf ihm einfach nicht entgehen.

Das Geldproblem wird abgetan,
Mit kleinen Raten soll man's retten,
Doch legt der Finanzierungsplan
Den Kunden allzu schnell in Ketten.

Denn selten kann er widerstehen,
Die andren Raten nicht im Kopf,
Auf neue „Schnäppchen" einzugehen,
Packt die Gelegenheit am Schopf.

So können es gar Jahre sein,
Das Konto ist so lange leer,
Und schränkt das ganze Leben ein,
Ja sowas macht er nimmer mehr!

Versext

Er will sie berühren,
Ganz nah bei sich spüren,
Sie sogar verführen.

Sie zeigt recht viel Haut,
Es wirkt fast versaut,
Wie sie ihn anschaut.

Er hat viel Geschick,
Entzieht sich ihrem Blick,
Durchschaut ihren Trick.

Sie spielt mit den Reizen,
Wird damit nicht geizen,
Ihn weiter anheizen.

Er ist in ihrem Bann,
Schaut sich alles an,
Was sie bieten kann.

Sie meistert das Spiel,
Präsentiert sehr viel,
Denn das ist ihr Ziel.

Erst spät wird ihm klar,
Was gerade geschah:
Nur Werbung war!

Unterbrechung

Die Werbung prasselt auf ihn ein,
Ja das Gerät scheint gut zu sein,
Doch just da stört den Werbefluss,
Ein Spielfilm – das schafft ihm Verdruss.
Als endlich dieser überwunden,
Schaut weiter Werbung er – für Stunden!

Spendenaufruf

Auf einem Zettel ist zu lesen:
Unser System wird nie genesen,
Wenn du - ja du, der das hier liest,
Nicht JETZT in deine Tasche siehst!
Dort findest du - ich muss es wissen,
Manch' finanziellen Leckerbissen.
Du brauchst ihn nicht, du hast genug,
So hab ein Herz und handle klug!
Gib mir dein Geld als treue Spende,
Dass ich das Blatt dann wieder wende!
Denn ich hab keine Münze mehr,
All meine Kassen sind schon leer,
Weil die, die mir zu dienen schienen,
Sich nur an meinem Geld bedienen!
Drum bitt' ich dich, sei gut zu mir,
Vielleicht bin ich's dann auch zu dir.
Nun geh, vollbringe diese Tat.

Gezeichnet sanft, dein Vater Staat

Fluglärmnähe

Nahe eines Flughafens wohnt ein Mann,
Der dessen Lärm nicht haben kann.
Von dem Getöse sehr gestresst,
Gibt heut ein Flugzeug ihm den Rest.

Er regt sich auf und schreit umher:
„Ach gäb's doch keine Flieger mehr!
Das Kerosin und all der Krach,
Die halten Tag und Nacht mich wach!

Den Garten kann ich nicht genießen,
Nicht hören wie die Blumen sprießen!
Kann nur die großen Schatten sehen,
Wie sie über die Felder wehen!

Der Lärm macht krank – das ist doch klar,
Welch friedlich Mensch ich früher war!
Da konnt die Ruhe gar nichts stören,
Ich konnt sogar die Nachbarn hören!

Nun ziehen Flieger ihre Bahn,
Nie endet für mich dieser Wahn!"
Es sei denn – fällt ihm plötzlich ein,
Er würde jetzt wo anders sein!

Der letzte Urlaub, der war fein!
Er packt schnell seine Sachen ein.
Die müden Knochen fix in Schwung,
Zum Flughafen - ein Katzensprung!

Urlaub

Blaue Kristalle tanzen im Licht,
Weiter Horizont und Meer,
Der Anblick ist wie ein Gedicht,
Ach wäre dieser Strand nur leer.
Eine Couch fliegt übers Wasser.

Strand soweit das Auge reicht,
Bunte Schirme hier und da.
Am Anfang ist das Wasser seicht,
Schnell kommt jedoch die Gefahr.
Im Wasser leben Menschenhasser.

Liegestühle gibt es viel,
Oft mit Handtuch obendrein.
Reservieren ist das Ziel,
Früh genug kann man nicht sein.
Krebse garen in der Sonne.

Essen gibt's zu jeder Zeit,
Schön ist's auch auf den Zimmern,
Doch irgendwann ist es so weit
Und man beginnt zu wimmern.
Zu Hause ist doch eine Wonne!

Unwichtige Details

Aus dem Urlaub schreibt 'ne Frau,
Ihrer Freundin ganz genau,
Ach wie toll ihr Blick aufs Meer,
(Wenn da nicht das Vordach wär).

Am Pool vorbei ist schon der Strand,
Da liegt sie gerne und entspannt.
(Was leider selten nur passiert,
Denn oft ist alles reserviert).

Das All inklusive ist perfekt,
(Doch das Geschirr ist oft verdreckt).
Die Getränkeauswahl ist so groß,
(Der Kellner ignoriert sie bloß).

Auch die Bar ist wundervoll
Und die Live-Musik ist toll.
(Doch hört sie diese auch im Zimmer
Nacht für Nacht wird diese schlimmer).

Der Klammertext wurd nie verschickt,
Die Freundin hat ihn nie erblickt.
Beneidet sie um diesen Ort,
Jedoch die andre wünscht sich fort.

Konsequenzen

Ein Mann macht Urlaub im Hotel,
Hier will er sich erholen,
Doch leider merkt er ziemlich schnell,
Die Ruh wird ihm gestohlen.

Denn das Hotel ist ziemlich alt
Und Rücksicht kennt man nicht,
Weswegen man hier Türen knallt
Und laut im Flure spricht.

Die erste Nacht schon nervt ihn sehr,
Die Türen knallt man laut.
Zwar nimmt er Ohropax daher,
Die Nacht bleibt doch versaut.

Am frühen Morgen geht es weiter,
Die ersten geh'n zum Essen.
Die Türen knallen wieder heiter,
Der Mann ist angefressen.

So geht es auch die nächsten Tage,
Dann wird es ihm zu viel.
Dem Guten fortan er entsage,
Zurückschlagen sein Ziel.

Verlässt der Mann ab jetzt sein Zimmer,
Egal ob früh, ob spät.
Knallt er die Türe – immer,
Bei andern Unmut sät.

So fängt der Teufelskreis wohl an
Was sagt uns die Geschicht':
Dass hier keiner gewinnen kann,
Denn Türen knallt man nicht!
(Und Liegen reserviert man nicht!)

Neumodische Prioritäten

Sie eilt nach draußen mit viel Hast,
Die Zeit zu schnell verloren,
Hofft, dass sie nicht den Bus verpasst,
Während Blicke sich ins Smartphone bohren.

Eine Nachricht hier, ein Selfie dort,
Wie könnt sie jemals ohne leben?
Das Social Life als Leistungssport,
Sie wird klar alles dafür geben!

Gefährdet sich und auch den Rest,
Als sie über die Straße eilt,
Den Blick fest auf dem Handy lässt
Und schnell noch ihren Status teilt.

Die Haltestelle fast erreicht,
Noch schnell „Gefällt mir" drücken,
Als plötzlich Schmerz ihr Hirn beschleicht,
Liegt sie schon auf dem Rücken.

Das Schild das ihr den Weg versperrt,
Gekonnt wird's ignoriert,
Das Smartphone schnell herbei gezerrt,
Ist ihm auch nichts passiert?

Das Display geht, welch Glücksgefühle,
Das muss sie sofort teilen!
Und liken werden's sicher viele,
Die selbst grad durch die Gegend eilen!

Verswyped

Sie zückt ihr Smartphone so im Gehen,
Will kurz nur ihrem Liebsten schreiben.
Sie swyped was ohne hinzusehen,
Will nicht deswegen stehen bleiben.

Altmodisch noch Tasten drücken,
Daran will sie nicht denken,
Doch hat das Swypen seine Tücken,
Manchmal ist's schwer zu lenken.

Zu schnell ist scheinbar sie gewesen
Und sendet daher ihrem Schatz,
Ganz ohne vorher noch zu lesen,
Als Kurznachricht nun diesen Satz:

„Bin schwanger und brauch eine Pause,
Freu dich, du bist es nicht!"
Statt „Bin schon auf dem Weg nach Hause,
Freu mich schon auf dich!"

Denglisch

Hast du die News heut schon gecheckt?
Bist du fürs Crowd Funding Projekt?
Hast du den Retweet schon geswyped?
Bist für dein eBook schon gehyped?
Hast du 'nen coolen tighten Job?
Bist als Consultant du ein Flopp?
Hast du den Content schon gepostet?
Bist du der, der den Webspace hostet?
Hast du ein Social Life zum Pflegen?
Bist du dem Denglisch schon erlegen?

Daddelkiste

Gestresst vom Alltag ohne Gleichen,
Will er nur noch nach Hause,
Schnell zu ihr und nicht von ihr weichen,
Denn er braucht eine Pause.

Kaum hat er vor ihr Platz genommen,
Zieht sie ihn in den Bann,
Die Welt um ihn wirkt ganz verschwommen,
So folgt er ihr fortan.

Entspannung streichelt nun sein Haupt,
Als er die Welt verlässt.
Und als sie ihm die Sinne raubt,
Vergisst er auch den Rest.

Nun taucht er ein in eine Welt,
Die anders als sein Leben,
Denn hier ist er ein großer Held,
Hier kann es alles geben!

So zieht die Zeit an ihm vorbei,
Nie endet sein Verlangen,
Die Seele leicht, Gedanken frei,
Und doch ist er gefangen.

Er nimmt jetzt überhaupt nichts wahr,
Nur sie lenkt all sein Denken,
Dabei fühlt er sich wunderbar,
Beglückt wie von Geschenken.

Da ihn entreißt ein schriller Ton,
Ein Weckruf für die Glieder,
Der neue Morgen dämmert schon,
Die Welt – sie hat ihn wieder!

Das Passwort

Ein Konto ist heut essentiell,
Egal ob Mail-, Bank- oder Shop.
Die knackt man sicher nicht so schnell,
Sagt mancher da noch ganz salopp.

Doch Sicherheit ist nie verkehrt,
Ein Passwort ist ja schnell vergeben.
Der Zugang Fremden so erschwert,
Mit Folgen muss man jedoch leben.

Ein Passwort dort, ein Passwort hier,
Das wird ganz klar im Chaos enden.
Auch hat der Mensch die schlecht' Manier,
Zu oft dasselbe zu verwenden.

Doch einer möchte sichergehen,
Schafft Passwörter stets kompliziert.
Aus vielen Zeichen sie bestehen,
Nicht merkbar und daher notiert.

Sie aufzuschreiben wär fatal,
Denn jeder könnt die Zettel finden,
Drum sichert er sie optimal,
Will Zugriffe stets unterbinden.

Die Passwortdatei wird passwortgeschützt,
Für ihn scheint das intelligent,
Doch die Datei ihm gar nichts nützt,
Wenn er das Passwort nicht mehr kennt!

Von der besten Seite

Soziale Medien sind schon toll,
Doch sind sie auch mit Lügen voll.
Der Mensch ist dort dazu geneigt,
Dass er stets nur das Beste zeigt.

Die Fotos sind so oft gestellt
Und zeigen nur die „schöne" Welt.
Die Dinge werden fein drapiert
Und manches wird sogar fingiert.

Dann gibt's Programme noch zu Hauf,
Die machen schöne Filter drauf.
Die grauen Straßen, dunkles Wetter,
Sie werden heller, bunter, netter.

Doch mancher User glaubt zu viel,
Auch so zu leben ist sein Ziel.
Der Arme ist bald sehr frustriert,
Weil es bei ihm nicht funktioniert.

Das Leben ist halt nicht perfekt,
Auch wenn viel Mühe darin steckt.
Doch Wäsche, Dreck und schwarze Zehen,
Das will der Mensch nun mal nicht sehen.

Um selbst nun was zu präsentieren,
Beginnt auch er mit dem Kaschieren.
Ein Teufelskreis mit viel Beschwerden,
Doch will der Mensch belogen werden.

Blogger und Influencer

In dieser so modernen Welt
Verdient man auch im Netz sein Geld.
Mode, Lifestyle, Mamaleben,
Zu allem kann es Blog Posts geben.

Man postet über dies und das,
Bewirbt vielleicht auch gern mal was.
Man muss so schreiben, korrigieren,
Beim Fotos-Machen sich verlieren.

Auch Social Media frisst viel Zeit,
Zum Antworten steht man bereit.
Dann liked und kommentiert man viel,
Die User locken ist das Ziel.

Kampagnen suchen, Ideen finden,
Den Alltag mit dem Job verbinden,
Kein Wochenende, niemals frei,
Die User hat man stets dabei.

Was gibt man Preis, was lieber nich'?
Wo zieht man den privaten Strich?
Hält man die User sich zu fern,
Dann lesen diese das nicht gern.

Lässt man sie in sein Leben rein,
Kann das dem Folgen hilfreich sein,
Doch lässt man sie zu nah heran,
So rächt sich das auch irgendwann.

Authentisch sein ist da recht schwer,
Die Mitte finden wohl noch mehr.
Den goldnen Weg wird es nicht geben,
Denn du kannst nicht für andre leben.

Shitstorm

Ein armer Mensch hat es gewagt,
Im Internet etwas gesagt.
Ein falsches Wort, ein schlechter Scherz,
Doch andre nehmen's sich zu Herz.

Mit bösen Worten startet dann,
Ein Sturm, den man nicht stoppen kann.
Vorwürfe gibt es nun zu Hauf
Und stets legt einer noch was drauf.

Das Anonyme lockt wohl sehr,
Das Anprangern fällt gar nicht schwer.
Die Masse, die doch keiner kennt,
Den armen Menschen nieder rennt.

Öffentlich wird er zerrissen,
Als Monster ganz ohne Gewissen.
Zu wenig wird daran gedacht,
Was das mit diesem Menschen macht.

Von Scham und Selbstzweifeln geplagt,
Kommt's vor, dass er nie wieder wagt,
Zu Schreiben nur ein einz'ges Wort,
Dem Internet bleibt er nun fort.

Drum soll man denken vor dem Schreiben,
Stets sachlich und auch höflich bleiben.
Wem's nur ums Niedermachen geht,
Um den sich bald ein Shitstorm dreht.

Gläserne Geheimnisse

Frau kennt sich im „Online" aus,
In Facebook fühlt sie sich zu Haus.
Auch twittert sie den Status oft,
Weil sie auf Favs und Retweets hofft.

Und ist's auch gegen Frauen-Art,
Ist „Offline-Shoppen" ihr zu fad.
Von Socken bis hin zum Korsett,
Bestellt sie nur im Internet.

Und geht sie doch mal vor die Tür,
Hat gleich sie eine App dafür.
Per GPS wird dann getrackt
In welchen Läden sie grad steckt.

Rabatte sollen das belohnen
Und ihren Geldbeutel so schonen.
So wird sie stets analysiert
Und Werbung an sie adressiert.

Doch irgendwann muss sie gestehen,
Hat's Kleingedruckte übersehen.
Die Daten sind weltweit bekannt,
Sie wandern stets von Hand zu Hand.

Ein jeder weiß, wie es ihr geht,
Um was ihr Leben sich grad dreht.
Sie fühlt sich gläsern, schrecklich leer,
Geheimnisse hat sie nicht mehr.

Zukunftslehre

Wird die Entwicklung weiter schreiten,
Werden die Schulen bald verschwinden,
Man Lehrgut virtuell verbreiten
Und übers Netz sich stets verbinden.

Der Lehrer wird zum YouTube-Star,
Bezahlt wird er nur noch nach Klicks,
Und bleibt sein Wissen unnahbar,
Bekommt er leider dafür nix.

Tor zur Welt

Ein nicht mehr ganz so junger Mann,
Bewundert was sein Sohn so kann.
Mit diesen neumodischen Sachen
Kann man wohl vieles einfach machen.

Statt Briefen kann man E-Mails schicken
Und Neuigkeiten schnell erblicken.
Auch kann man jede Frage stellen,
Hat Zugang zu den Wissensquellen.

Drum will nach langem Überlegen,
Er zum Modernen sich bewegen
Und hat bei seinem Sohn bestellt:
„Ich will auch so ein Tor zur Welt!"

Danke

Diesen Platz will ich verwenden,
Um noch meinen Dank zu senden.
Denn ohne Hilfe wär nicht hier:
Dieses schöne Stück Papier (oder E-Book).

Ein Dank an meine Family,
Die stets mir neuen Mut verlieh!
Denn durch euch schrieb ich immer wieder
So all meine Gedichte nieder.

Den Testlesern will ich gern sagen,
Nur durch euch konnte ich's wagen,
Das Büchlein so finalisiert,
Wer hätt gedacht, dass das passiert?

Ein Dank an jene die sich trauten
Und mutig in dies Büchlein schauten.
Ich hoff, ich konnte dich erfreuen
Und neue Blickwinkel verstreuen.

Vielen Dank!

Über die Autorin:

Tenja Tales wurde im Jahr 1987 geboren und hat Ihre Leidenschaft zum Schreiben schon in der Schule entwickelt. Sie liebte Aufsätze und hat als langjähriges Mitglied in der Schülerzeitung  so manchen Artikel verfasst. Bald kamen Produktberichte, Rezensionen und Gedichte auf verschiedenen Plattformen dazu. Das Schreiben ist für sie ein kreativer Ausgleich zu ihrem technischen Beruf in der IT und ihrer Rolle als Mutter.

2018 hat sie ihrer Leidenschaft ein neues Zuhause gegeben und den Blog https://weltenschmie.de eröffnet. Seither berichtet sie dort regelmäßig über die unterschiedlichsten Themen.

Wenn sie ihre Freizeit nicht gerade mit ihrer Familie genießt, arbeitet sie an weiteren kreativen Projekten.